期待以上に人を動かす伝え方

1分鐘高效表達術，
讓你說話不再被當空氣！

學會這樣說，再也沒有行不通的事、叫不動的人

1分鐘短講顧問
沖本るり子◎著
陳光棻◎譯

前言

每年我大約參與兩百場的講座或企業培訓，以經營者、領導人或經理人為對象，教授「表達方法」。

在課程中，我總是強調一點：「光是表達，毫無意義！」

就算對方願意聽我們說話，你的意圖也表達給對方了，但對方無法如我們所預期地採取行動，就毫無意義。

「想要順暢地表達想說的事！」

「能正確表達自己的想法」是很棒的事。然而，如果對方表示「我明白你想做的事，但我無法同意這個企畫」，不願意採取行動的話，就無法取得成果。

當你表達自己的想法，並讓企畫得以通過、專案開始推動，成果才會出現。

本書中，筆者為了想讓對方採取行動的人們，彙整一些表達方法的小訣竅，也傳授了讓對方採取行動後成果能「超乎預期」的進一步表達方法的相關技巧。

或許有人會覺得，何謂讓對方採取行動且成果「超乎預期」？詳情就留待正文中揭曉，簡單來說就是，「以打九折為目標去殺價，結果讓對方提出可以打七折」。

這樣魔法般的情節，只要掌握了「讓對方採取行動且成果超乎預期的表達方法」，就會自然發生。

而且，只要稍微有意識地運用一些小訣竅，任誰都能做到。即便現在的你拙於言辭、不擅長笑臉迎人、不懂得同理別人，都沒有關係。

在此，我要先出題。在下列條件下，你會做出什麼樣的提案呢？

- 你正在參加部門的內部會議，一共有七個人與會。
- 會議差不多要結束了。部長指名由你決定會後所有人一起去吃午餐的餐廳。
- 請在不向與會者提問的前提下，提出菜單或餐廳。
- 與會者對你的意見總是持批判的態度。請想出一個能讓總是批判的人也會對提案舉雙手贊成的表達方式。
- 限時一分鐘。由於部長突然指名由你決定，沒有深入思考的時間。要馬上提出方案！

（如果可能的話，不妨把這個提案錄音下來。若再把錄音檔打成逐字稿的話，就能更深入理解。）

你的提案是什麼內容呢？能讓與會者全都贊成，一起去吃午餐嗎？

過去，我請講座、演講或培訓的學員針對同樣主題發表的提案中，最常出現以下的內容。

「最近天氣好到太過悶熱，讓人晚上睡不好，天氣熱導致健康管理也很辛苦。有時候是沒食慾，有時候是忙到連飯都沒時間吃⋯⋯。大家應該都知道，車站後頭的新大樓上星期剛開幕，對吧。那個大樓的商店街裡，有一家我認識的餐廳，前些日子，我在車站前巧遇了高中同學，我們在高中時非常要好，但這幾年都沒見面。那位同學剛好就是商店街裡最多人排隊的蕎麥麵店的老闆，我拿到了優惠券，也能事先訂位，所以我想去蕎麥麵店。」

用文字來讀這段話，相信各位都明白有多糟糕。

但說話者本人往往難以發現這件事（而且，你一定也一樣）。

與會者突然聽到了這一長串話，心中應該都在嘟囔：

「真不知道他想說什麼。」

或者，甚至有人會乾脆地出聲表示：

「你到底想說什麼？」

「所以？怎樣？」

當然，你的午餐提案應該不會被接受。

你該怎麼做才能讓總是持批判態度的人願意接受提案呢？而且，還讓他們願意採取行動且成果「超乎預期」呢？

若各位在閱讀本書之後，能夠學會讓對方的行動如你所預期，甚至「超乎預期」的表達方法，我將倍感榮幸。

目錄

CHAPTER 2

無法讓對方採取行動的表達方法

CHAPTER 3

讓人開始行動的表達方法

CHAPTER 4 讓人行動成果「超乎預期」的表達方法

CHAPTER 5

這種時候該怎麼做？不同情境下促使對方行動的表達方法

CHAPTER 1

「表達」的目的是讓對方有所行動

Section 1

「以為說了」等於「沒說」

「我說過了。」「我沒聽你說過。」
「怎麼會變成這樣？」「我是按照你的指示進行的喔！」

相信許多人都有過這種雙方各執一詞的經驗吧？以為自己好好地說了，但對方卻沒有接收到。當這樣的狀況持續下去時，可能會導致工作沒有進展、遲遲未見成果，或是與周圍的人陷入尷尬的關係當中。

導致這類狀況的原因有兩個。第一是「過於相信聽話的能力」，第二則是「解釋的差異」。

「過於相信聽話的能力」，就是過度指望對方聽話的能力。基本上，對方往往只會聽進自己想聽到的事，並做有利於自己的解釋。

即便身為說話者的你覺得「我明明說的是這個意思，不是那個意思」，也來不及了。很遺憾地，說話者的「以為說了」，只是自己「以為」而已。

在溝通上，重要的是「聽者如何解釋」。

因此，你必須設法讓對方「如你所預期地聽進去」。

第二個原因：「解釋的差異」，就用以下的練習來具體說明一下。

準備一張A4的白紙，
剪下五個10元硬幣的形狀並排列出來。

你把紙剪成什麼形狀呢？

又是如何排列的呢？

根據觀看角度的不同，10元硬幣可以看成圓形的，也可以看成長方形的。前述練習的答案如下圖，並非只有一個。我們無法判定哪一種是對的，哪一種是錯的。

每個人的人生經驗都不相同。我們都會從接收到的話語中，以自己的解釋來思考事情。

因此，你必須在「對方的想像可能與自己不同」的前提下，表達自己的意思；也就是必須設法縮減雙方在解釋上的差異。

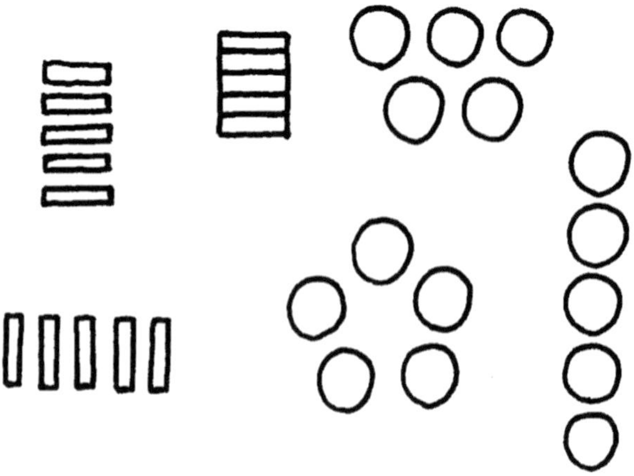

說話者過於相信（聽者的）聽話能力

→「對方確實有把自己的話聽進去！」
→「就算不說，對方也應該會懂那種程度的事吧！」

⇩

雙方在解釋上的差異

→因為各自的人生經驗、價值觀，導致解釋有所不同。

⇩

Section 2

「語言」比什麼都重要

當前方的路很危險，你想讓面前的人別再往前時，你會怎麼做？

你可能會注視著對方，對他說：「前面很危險，別往前！」並且比手劃腳地用雙手比出一個大大的叉，臉上的表情或說話的聲調都流露出事態非同小可的氣氛。視線、語言、手勢、表情、聲音，無論何者都是重要的表達手段。

那麼，若這些表達手段中只能用一種來表達的話，各位會選什麼呢？相信絕大多數的人都會選擇「語言」。

比起視線或表情這類非語言表達手段，「語言」最重要。若「語言」和「非語言」兩者都能運用自如的話，當然最好不過，但要同時學會好幾項訣竅是難上加難，不妨把嫻熟掌握「語言」視為最優先的事項，學會相關技巧。

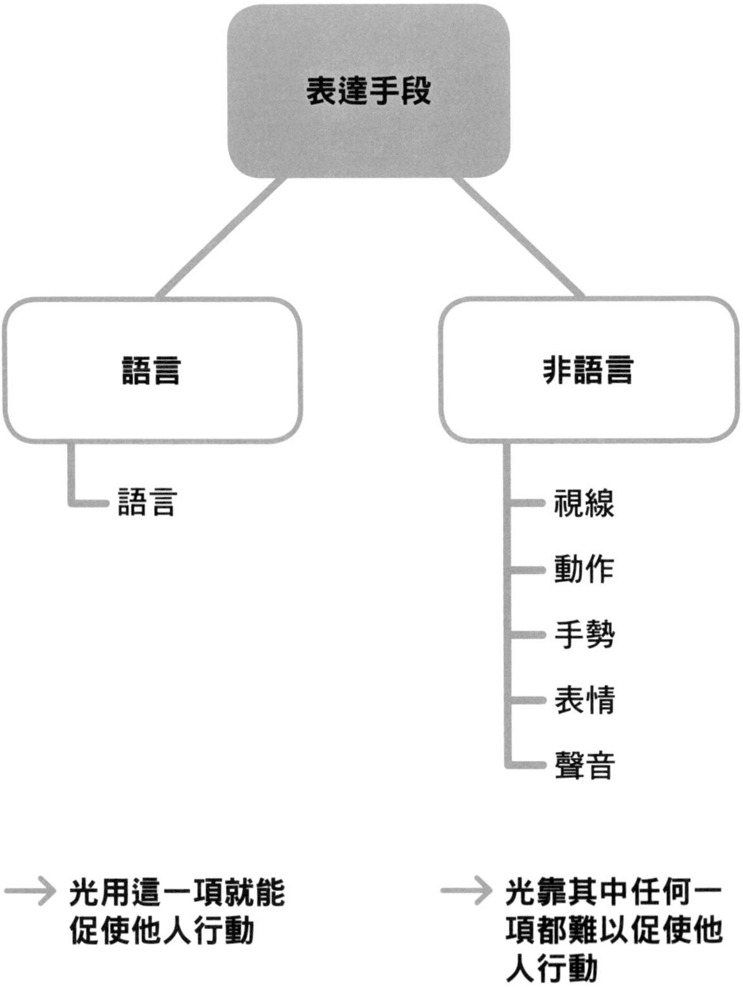
表達手段
語言
非語言
語言
視線
動作
手勢
表情
聲音
光用這一項就能促使他人行動
光靠其中任何一項都難以促使他人行動

Section 3

「傳達訊息」的層級分為五個階段

你使用語言傳達訊息時，是否正確地表達給對方了呢？

人類對傳達訊息的掌握程度如左頁圖，可以分為五個階段。

希望各位讀者能追求最高水準，也就是讓對方「行動成果超乎預期」的層級。

那麼接下來，以下列的假設從24頁開始來看看五個階段的具體差異。

1 全世界都缺水，飲用水非常珍貴。兩公升瓶裝水的交易行情超過一萬元。

2 你很渴，想要喝水，但只有七千元。A先生則有兩瓶瓶裝水。

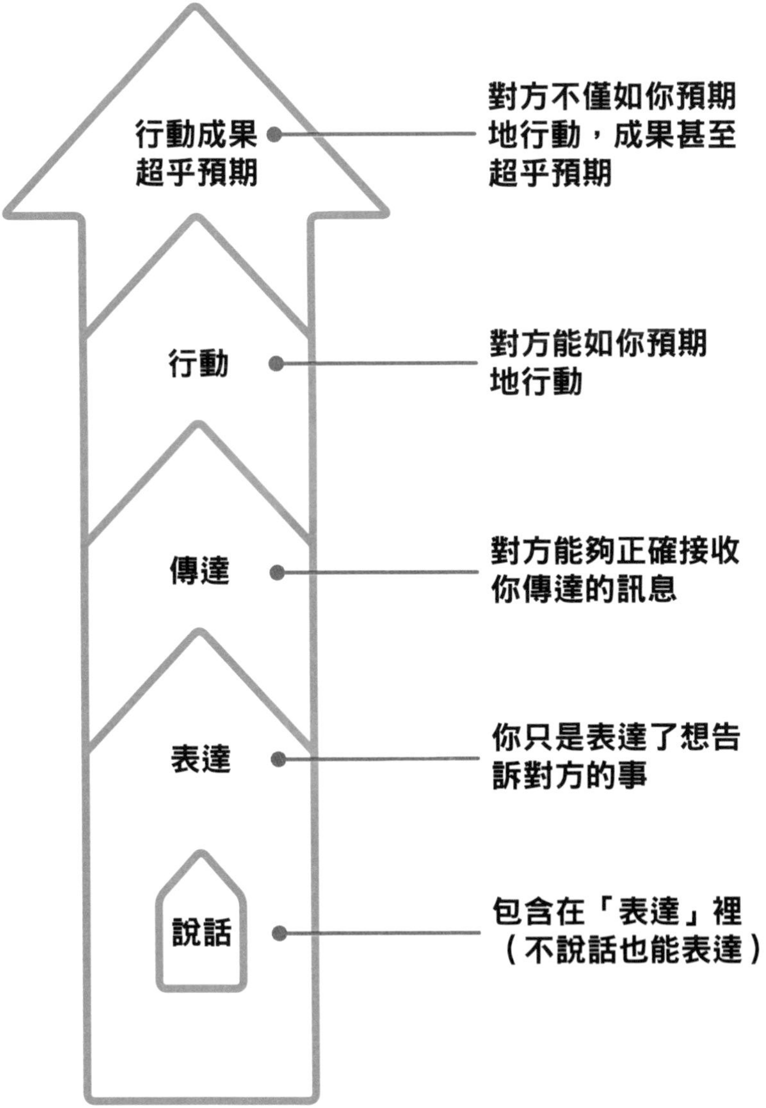
行動成果
超乎預期
對方不僅如你預期
地行動，成果甚至
超乎預期
行動
對方能如你預期
地行動
傳達
對方能夠正確接收
你傳達的訊息
表達
你只是表達了想告
訴對方的事
說話
包含在「表達」裡
（不說話也能表達）

傳達層級

1

說話者

特徵

只是小聲地嘟囔著。

對方的反應

- 沒有在聽。

人類在聽別人說話時，通常只把對自己有利的事，當成自己的事在聽，並做有利於自己的解讀。

如果聽者判斷那是「與自己無關」的事，就會盡可能地不想有所牽扯。只要覺得不是自己的事，任誰都不會特別留意。

表達者

特徵

不是自言自語，明確地在對某人說話。

對方的反應

- 發覺說話者是在跟自己說話。
- 認知到說話者「口很渴」。

和「說話者」不同，「表達者」的目標對象很明確，能讓聽者發覺對方是在跟自己說話。

若只是希望A先生知道自己口渴的狀態，這樣說或許就足夠了。

但如果你的期望是想要喝水潤喉的話，那又如何呢？

這樣的說法只「表達了」你的口很渴，但沒有「傳達出」你想要喝水的期望，無法達成目標。

傳達層級

3

傳達者

特徵

面對希望有所行動的對象，正確地傳達現狀。

對方的反應

- 發覺說話者是在跟自己說話。
- 認知到說話者「口很渴。只有七千元」。
- 把說話者的話解釋成「希望你借我三千元」或是「希望你用七千元把水賣給我」。

「傳達者」與「表達者」不同，由於把現狀詳細地告訴對方，聽者能正確地認知。

然而，這是以自己為中心在傳達，對方的反應也會千差萬別。在這種情況下，可以解釋成「他希望我借三千元給他嗎？」或是「他希望我用七千元把水賣給他嗎？」

由於對方不一定會如自己所預期地行動，無法達成喝水潤喉的目標。

傳達層級

4

能讓對方行動者

A 先生，我現在口好渴，能把水賣給我嗎？我的錢包裡只有七千元，剩下的三千元我明天帶來給你。

特徵

明確說出希望對方如何行動。

對方的反應

- 發覺說話者是在跟自己說話。
- 認知到說話者「口很渴。現在錢包裡只有七千元，剩下的三千元明天帶來」。
- 至少明天可以用一萬元把水賣給說話者。

與「傳達者」不同，「能讓對方行動者」會說出希望對方如何行動，因此對方採取行動的可能性也大幅提升。

在這種情況下，至少明天湊齊一萬元時，能讓A先生把水賣給自己，也達成了喝水潤喉的目的。

當對方能夠如你預期地行動時，就能夠推進工作，也能看到成果，而且最重要的是，能夠建立沒有糾紛的人際關係。

如果能更輕鬆過日子的話，就更令人開心了。

傳達層級

5

能讓對方的
行動成果超乎預期者

A 先生，現在請讓我喝水。我的口好渴，快要昏倒了。但我的錢包裡只有七千元。只要讓我喝水，我能立刻幫忙做你最不擅長的資料分析。現在，請讓我喝水。

特徵

明確說出希望對方如何行動，並且更進一步說出會讓對方的心情變得更正向的話。

對方的反應

- 發覺說話者是在跟自己說話。
- 認知到說話者「口很渴。現在錢包裡只有七千元。會幫忙做自己不擅長的資料分析」。
- 馬上用七千元把水賣給說話者，或是免費把水給說話者。

每當有對自己有利的事情時，人的心情就會變得正面積極。而且，當心情變得正面積極時，行動成果超乎預期的可能性就會提高。

在這個場合中，「幫忙做你不擅長的資料分析」這句話，能讓對方願意採取成果超乎預期的行動。

或許有人會覺得，光是讓對方「能夠如自己預期地行動」已經足夠了。但目標愈高，愈能產生好的成果。如果把「能夠讓對方行動」視為目標，有時會止步於「傳達」的層級。

所以，今後在磨練自己的表達方法時，不妨時時都把「能夠讓對方的行動成果超乎預期」的最高水準當作目標。

CHAPTER 1 總結

☑「以為說了」是只有你自己「以為」。

☑千萬不可以過度相信對方的聽話能力。

☑對話語的解釋會因人而異。

☑表達心情時最重要的是「語言」。

☑當對方行動時，才算是有成果。

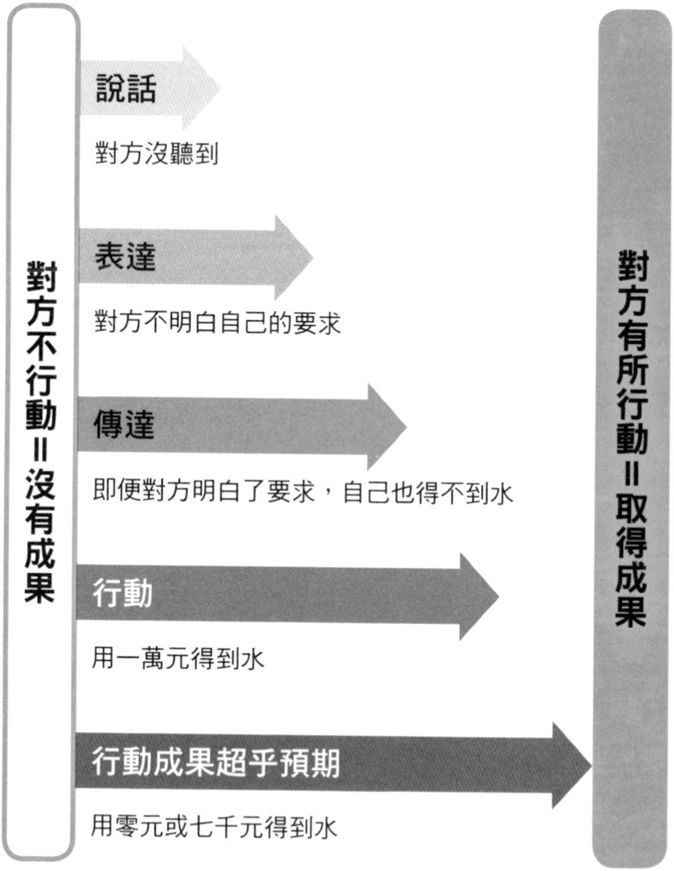
對方不行動＝沒有成果
說話
對方沒聽到
表達
對方不明白自己的要求
傳達
即便對方明白了要求，自己也得不到水
行動
用一萬元得到水
行動成果超乎預期
用零元或七千元得到水
對方有所行動＝取得成果

專欄

「反效果！千萬不能做」重點 ①

說出「咦」、「啊」也可以！

相信許多人都有「咦！今天，啊！大家齊聚一堂……」這樣的說話方式，也都想改掉「咦」、「啊」這類口頭禪。

不過，就算說出「咦」、「啊」也沒關係。當然，如果能不說出口，是最好的。但如果把注意力過度放在「咦」、「啊」上面，結果重要的事卻說得零零落落的，可就傷腦筋了。

若只顧著想改掉口頭禪而分心，最後搞不清楚自己想說什麼，或是說話內容毫無條理、叨絮不休的話，就是本末倒置了。

如果說了「咦」能讓發言更有條理的話，就算話語有「咦」，對方也能聽得懂。最重要的是，發言條理分明、簡潔扼要，讓聽者能毫無壓力地聽進去。

因為你並非立志成為主播或司儀這類的說話專家，別在意「咦」、「啊」，把注意力放在說話的內容上吧。

CHAPTER 2

無法讓對方採取行動的表達方法

Section 1

「自以為說了」的原因

雖然本書以「讓對方採取行動且成果超乎預期」為最終目標，但首先要試著觀察一下，「無法讓對方採取行動」的表達方式有什麼特徵。

舉例來說，上司對下屬說了這樣的話。

「前幾天在部長會議上，話題是各自必須重新檢視工作的安排。聚餐很多，會計也很囉唆。還有，最近在新聞上也成了話題，對吧？過勞死的問題。對健康不好，適度的運動也很必要。上頭還說要思考一下加班的問題。各自都得思考一下工作方式改革的問題啊。」

這番話能解釋成「請適度地運動」，也能解釋成「請縮減開銷」。如果下屬把它解釋成：「這是要我們減少聚餐和加班的意思嗎？」控制了工作量的話，上司或許會說：「明明是叫你好好想一下工作的安排，為什麼會累積了這麼多工作！」結果從意想不到的面向對下屬發了一場火。

雖然這個例子寫得很極端，但下屬覺得「我明明按照指示執行了，結果卻被罵」，上司則覺得「我明明做了指示，下屬卻不按照預期行動」，有這類經驗的人應該很多。

其實，無法讓對方如預期地行動的表達方式，有以下六個特徵。

1 突然說出想說的事。
2 一句話說得太長。
3 想到什麼就說什麼。
4 喋喋不休、沒完沒了。
5 一直以平淡的相同聲調說話。
6 使用困難的詞語。

該怎麼換句話說比較好呢？我們從下一節開始說明。

Section

2

突然說出想說的事

每當人類把對方說的話解讀成別人的事時，對方說話的內容就幾乎不會進到自己的腦袋裡。因此，當對方突然說出與己方有關的事情時，由於沒有心理準備，很容易就漏聽了。這就跟對方突然把球丟給你，你接不住，結果球碰到你的身體彈開後落地，是一樣的道理。

NG

「昨天，影印機怪怪的，一直卡紙，山田部長叫我影印，結果我沒能拿給他。那部影印機老是怪怪的，真的很傷腦筋。如果廠商能早點來幫忙看看就好了。啊，對了，想麻煩你幫我把這份資料拿給山田部長。」

一開始就宣告你接下來要說什麼

藉由一開始就宣告「接下來要說什麼」，對方就能做好聽你說話的準備。譬如當你說出「我想拜託你的是」，聽的人就能預測「接下來出現的內容就是關於要拜託的事」。

OK

「林先生，有件事情要拜託您。
要拜託您的事情是，幫忙把這份資料交給山田部長。
原因是，昨天影印機故障了，沒辦法影印。
林先生，您接下來的行程是跟山田部長開會，對吧？
所以要拜託您，幫忙把這份資料交給山田部長。」

當一個人還沒有做好「聽人說話」的心理準備時，在不知道是關於什麼事的情況下，往往會囫圇吞棗地聽進去。極端來說，當你說「是山口」時，對方可能會搞不清楚你說的是姓氏還是出生地。

為了避免讓聽者焦躁不安，覺得：「這個人到底想說什麼？」「到底是關於什麼的事？」不妨一開始時就宣告你要說什麼。

NG

「是山口。」

「以處理客訴為主題的報告。」

「青田先生是負責人。」

OK

「他的出身地是山口。」

「報告的主題是客訴的處理。」

「負責人是青田先生。」

用這樣的表達方法，以第4頁的題目為例，試著邀約同事去吃午餐的話：

「我的午餐提案是香草咖哩。

推薦的理由是，香草有療癒的效果，最適合療癒因工作而疲累不堪的我們。

餐廳的地點在離這個會場徒步三分鐘的大樓一樓。

綜合以上，我的午餐提案是香草咖哩。」

這樣的表達方式，就能明確地讓人明白你在說什麼事。

Section
3
一句話說得太長

另一個特徵，就如同這個句子一樣：「……，然後……，雖然……，所以……」一句話的長度太長，直到結束為止好像換了好幾次氣，持續說個不停。由於同時包含了好幾個話題，別說是聽的人，有時候連說話者到最後都搞不清楚自己在說什麼了。

NG

「前幾天，部長要我緊急地完成一份資料，
但因為還要做內田建設的估價單，
然後我很煩惱該先做哪一份才好，
所以去找荒木前輩商量，

因為前輩幫我做了估價單，我好開心，
所以深深感受到困擾時找人商量的必要性……」

↓

一句話只表達一件事

原則是「一次只表達一件事」，要忍住想用「然後」、「因為」、「但是」、「不過」的心情，每次發言時最多只用一個。

OK

「前幾天，部長要我完成資料，內田建設則委託我做估價單。
我很煩惱該先進行哪一項才好，所以去找荒木前輩商量。
結果令人開心的是，前輩幫我做了估價單。
這次我深深感受到的是，困擾時找人商量的必要性。」

有個場合更能讓人感受到這個訣竅的效果，那就是自我介紹的時候。其實，比起年長的社會人士，小孩的自我介紹反而更淺顯易懂、簡潔扼要。

你平常自我介紹時，是用哪一種說法呢？

NG

「我叫做沖本留里子，然後我是講師，然後我出生於廣島，然後我二十五歲，然後我最喜歡大阪燒，然後也很喜歡哈密瓜，然後我喜歡橘色，我邀了旁邊的川田先生來，所以請多多指教。」

明明只是一句話，但因為包含的要素太多，所以讓聽的人覺得很混亂。

OK

「我的名字是山田太郎。
我的學校是山口國中。
我的年紀是十四歲。
社團是足球社。
喜歡的科目是數學。
喜歡的食物是咖哩飯。
請多多指教。」

POINT

用「○○是」的說法，一開始就宣告話題，並有條理地個別總結成一句話。

Section 4

想到什麼就說什麼

把浮現腦海的話直接說出口的人，發言裡沒有起承轉合。結果慢慢地，連說話者都搞不清楚自己想說什麼，聽的人更是抓不住要點，完全失去想要認真聽的心情。

NG

「前陣子，會議開始時間過了十分鐘之後，才終於開始，真是傷腦筋。上個月是過了十五分鐘後才終於開始，但部長每接一通電話就離席，回座之後，再回到原本的話題，他又要發牢騷吧。我們的時間如果花在開會上，工作當然會堆積如山。所以我覺得開會的方式必須要改善才行。其他工作上會出現失誤。說是自己的緣故所造成的失誤，那也的確如此。就算想要有效地運用時間，自己能設法做些什麼，也是有極限的。」

在發言結構上活用「框架」，有邏輯地表達

為了建立發言的起承轉合，重要的是「要以哪個順序來表達什麼」。本書當中，將此視為發言結構的「框架」。框架有四種，分別是「結果法」、「兩面法」、「二、三個法」、「因為法」。

接下來會詳細解說個別的特徵，但這四個框架具備共通的原則，一開始要先掌握住。

「整體」結論：在開頭與結尾，加入「希望對方如何做」的「結論」。透過在開頭就說出結論，讓對方想像你接下來發言的整體樣貌。同時，在結尾時重複結論，叮囑「希望對方怎麼做」。聽者或許在中途已經理解，但人類是健忘的動物。因此，最後還要再重複一次。

「單句」結論：每一句話裡，都加入該句話想要表達的「結論」。

結果法

透過表達提案內容的「結果」，讓對方信服的方法。

1. 結論：希望對方採取的行動。
2. 現狀：客觀的事實。
3. 理由：主觀的內容。

所謂的主觀是指「商店前面『大排長龍』」這種模稜兩可的說法。所謂的客觀則是指「商店前面排了『十個人』」這種可以用數字表示的說法。

❹ 結果：對方採取行動後會如何發展。
❺ 結論：希望對方採取的行動（❶的重複）。

OK

「①我的提案是，要改善開會的方式。
②現狀是，會議的開始時間延遲了十五分鐘，有時部長也會因為接電話而離席。
③因此，時間都耗費在會議上，導致在其他工作上出錯。
若能改善開會的方式，④就結果來說，就能有效地運用時間。
所以，⑤我的提案是要改善開會的方式。」

↓

兩面法

同時提及結論的「優點」、「缺點」，也就是傳達事物兩面性的方法。說明缺點時，也要提出改善方案等。在對方產生負面思考之前就先發制人，也能讓對方知道你是經過深思熟慮的。

1 結論：提案內容。
2 優點：效果、好處等。
3 缺點：風險、缺失等。
4 方案：改善方案、因應對策、預防措施等。
5 結論：（1 的重複）

優點方面，若能舉出二至三個更好！缺點方面，建議控制在一個就好！

OK

「①我的提案是，舉辦創立紀念派對。
舉辦的②優點是，有機會向客戶表達感謝。
③缺點是，針對年度交易額不相同的客戶，只能一律提供相同的款待。
不過，④因應對策就是，改變招待貴賓的人數，譬如年度交易額五百萬元的公司招待一位，五千萬元的公司就招待六位。
所以，⑤我的提案是，舉辦創立紀念派對。」

二、三個法

部分整體法（Whole Part）是有名的提案手法。以整體（Whole）→部分（Part）→整體（Whole）的順序來表達。特徵是，一開始先說明接下來要告知之內容的數量。不妨記成是「表達兩、三個理由」的方法。

1 Whole：接下來要告知之事項的數量與詞語。
2 Part：用句子說明詞語。
3 Whole：總結（1 的重複）

「部分整體法」有點不好記，不妨換句話說成「二、三個法」來記憶！

OK

「我要推薦的午餐餐廳是，位於東神田的遊割烹。① 理由有三個，第一是食材，第二是口味，第三是價格。

② 關於第一項食材，這家店是與漁民和農家直接簽約，使用新鮮且珍稀的食材。第二項口味，這家店的美味是蘊含巧思的，甚至能把你討厭的食材都烹煮得讓你敢吃。第三項價格，是花三百元就能吃到生魚片的實惠價格。

③ 總結以上的食材、口味、價格這三項原因，我推薦的午餐餐廳就是遊割烹。」

因為法

提案方法中，另一個知名的是PREP法。在敘述結論後，再以「因為……」的說法敘述理由，也舉出具體實例。

1. Point（結論）：提案內容。
2. Reason（理由）：因為、原因是……等。
3. Example（具體範例）：譬如說……
4. Point（結論）：提案（1 的重複）。

OK

「①我的午餐提案是去蕎麥麵店。

②因為最近睡不好、身體狀況欠佳的人很多。如果是順口的蕎麥麵，就算沒有食慾的人也很容易下嚥。

③譬如說，車站後面新大樓三樓最多人排隊的蕎麥麵店。我有半價優惠券，也能預約。

所以，④我的午餐提案是去蕎麥麵店。」

Section

5

喋喋不休、沒完沒了

能夠流暢地發言，是很令人嚮往的事。

然而，在「吸引對方注意」這一層意思上，不那麼流暢地說話反而比較好。

因為，流暢的說話方式，實際上聽起來很容易變成只是「聲音」而已。太過流暢、聽起來很舒服，結果內容卻沒有進到腦袋裡。

唱搖籃曲或朗讀時，當然是以流暢為佳。但在商務對話上，流暢的說話方式有時可能會讓人覺得聽起來「喋喋不休」。

注意標點符號

就算說話者以為自己已經把每句話縮短了，但若沒有掌握好停頓的時間，一不小心就會讓人聽起來有全部連在一起、沒完沒了的印象。

所以，要設法讓聽者覺得每一句話變得比較精簡。

具體來說，就是要意識到標點符號，讓斷句更明顯。尤其，結束的信號「句號」非常重要。

請試著在說話時，想像成有空出一個字的停頓。

1. 說得不流暢也沒關係。
2. 說話時，用標點符號來斷句。
3. 說話時空出一個字的停頓，如同在告訴聽者這裡有句號一般。

Section 6

一直以平淡的相同聲調說話

根據名為情緒智商的EQ理論，正向的情緒會讓人更願意積極地採取行動。

當說話者毫無抑揚頓挫、一直都以平淡的相同聲調說話時，聽者自然就會有一種「所以你到底想說什麼？」、焦躁憤怒地想「什麼啊？」的心情。

一定要避免讓對方有這種心情。

焦躁不安、心急如焚　　興奮雀躍、小鹿亂撞

使用讓對方期待的「停頓」

同樣是「什麼啊？」的心情，也可能是因滿心期待而雀躍不已的「什麼啊？」。為了引導出讓對方探出身來、正向的「什麼啊？」，在開頭的「結論」之後，不妨空出兩個字長的停頓。這樣的停頓能為發言的起承轉合加入變化，激起對方的期待感。

OK

「我的提案是，□□三天兩夜溫泉旅行的招待活動。□透過溫泉旅行，可以和顧客長時間交流、強化彼此的關係。□就結果來說，□能有效率且有效果地運用經費與時間。□因此，我的提案是□三天兩夜溫泉旅行的招待活動。」

Section 7

使用困難的詞語

外來語的意思，有時會因為聽者的解釋而大不相同。舉例來說，最近經常聽到的「inbound」。除了「外國人入境觀光（inbound tourism）」之外，也有「顧客來電（inbound call）、集客式行銷（inbound marketing，譯注：指讓顧客自動上門）」的意思，很容易招致誤解。

NG

「雖然 Just idea，但由於和 user 彼此 share 資訊，所以也能得到 consensus。但因為對方的因素而變成單方面 pending，實在很遺憾。不過，在彼此同意下，我們握有能夠讓對方 fix 的

POINT

也有可能讓對方覺得你是假裝知道。

evidence，就不必擔心會有什麼糾紛。」

↓

不用外來語和專業術語

使用連學生都懂的說法，就能毫無誤解地傳達訊息。

OK

「雖然這是我的靈光一閃，但由於和用戶彼此共享資訊，所以也能得到共識。但因為對方的因素而變成單方面擱置，實在很遺憾。不過，在彼此同意下，我們握有能夠讓對方決定的證據，就不必擔心會有什麼糾紛。」

為了讓彼此做出同樣的解釋，要注意用詞的選擇！

前述的NG例句是把《用日語說比較好的「外來語」TOP10》（R25調查／支援 I-Research）中的外來語組合而成的說法。

在你的工作現場，是不是經常聽到這樣的說法？

第一名 commitment（承諾、集中）

第二名 user（用戶、消費者）

第三名 evidence（證據、確證）

第四名 spec（specification 的省略，能力、性能）

第五名 agenda（議題、課題）

第六名 consensus（共識）

第七名 fix（決定）

第八名 just idea（靈光一閃）

第九名 share（共享）

第十名 pending（擱置、中止）

用日語說比較好的「外來語」TOP10（R25 調查／支援 I-Research）

就算你是以「擱置」的意思說出「pending」這個字，對方還是可能解釋成「中止」……

此外，專業術語、業界用語等，也有可能引發誤解或混亂。例如：

「Pacing 真的很重要。

而且我認為，透過承認對方，

就能建立起 rapport！」

這個說法，若是在學習溝通技巧專業的人，應該就能正確解讀。「Pacing」在英語裡是指「配合（對方）說話的速度、音量大小」，「承認」在溝通技巧領域裡是指「認同」，「rapport」在法語中的意思是「信賴關係」。

然而，「承認」在一般的商務場合裡，通常解釋成「批准」。千萬不要忘記，若持續使用專業術語的話，對於該詞語是專業用語的意識，就會愈來愈薄弱。

CHAPTER 2 總結

✕ 無法讓人採取行動的表達方式的特徵

1 突然說出想說的事。

2 一句話說得太長。

3 想到什麼就說什麼。

4 喋喋不休、沒完沒了。

5 一直以平淡的相同聲調說話。

6 使用困難的詞語。

擺脫「自以為說了」的表達方法

1 一開始就宣告你接下來要說什麼。

2 一句話只表達一件事。

3 在發言結構上活用「框架」，有邏輯地表達。

4 注意標點符號。

5 加進讓對方期待的「停頓」。

6 不用外來語和專業術語。

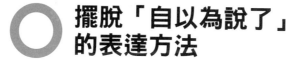

專欄

「反效果！千萬不能做」重點 ②

不擠出笑容也沒關係

外在的表現非常重要，包含：表情、視線、動作、手勢等。此外，在許多說話法講座上教授的發聲方式、聲調、口齒清晰等，的確都很重要。

然而，這些都不是主角，而是說話時做為「陪襯」應該注意的地方。與其把注意力放在擠出笑容或聲音上，最應該注意的，其實是說出的「話」。

在我剛成為社會新鮮人時，上司是軍人出身。向上司報告之際，他總是罵我：「沖本，你的手太干擾了！ 不要用手說，要用話說。」當時的我，說話時的手勢很誇張。

我試著回想連續劇和電影裡軍隊的場景，的確，他們並非用表情，而是用話語讓人行動。只靠動作、手勢，常常很難向對方表達自己的意思。就算口齒不夠清晰、聲音嘶啞，若能把所想的化為言語，才能讓對方採取行動。

在把注意力放在擠出笑容之前，不妨試著回顧一下自己說出的「話」。

CHAPTER 3

讓人
開始行動的
表達方法

Section

1 讓人開始行動的三個訣竅

為了讓對方如自己預期地行動，要注意以下三個訣竅。

1. 不要對想說的事含糊其詞。
2. 在遣辭用字上多一點巧思。
3. 不要讓對方產生負面的情緒。

因為當說話者的發言模稜兩可時，聽者往往都會不自覺地把發言內容做有利於自己的解釋。

如此一來，聽者的行動方向違背說話者意圖的機率就會變高。

所以，必須減少說話者與聽者在理解上的差異。

訣竅① 不要對想說的事含糊其詞

說話委婉、謙虛又冗長，所謂「體諒」的文化在日本已經根深柢固。由於說話者故意對真正想說的話含糊其詞，不自覺中就給了聽者各種解讀的選擇。

舉例來說，當一位與你不熟的朋友跟你說「我出書了」，你該怎麼辦？選項是無限多的。如果你是說話者（書的作者），或許意思是「希望你買這本書，然後幫我宣傳」。

但如果是聽者的立場，說聲「恭喜！」以表示祝福，應該是最輕鬆的應對。若是如此，對方就不可能按照你的預期行動。

訣竅② 在遣辭用字上多一點巧思

在以下的例子中，真的想要一起吃晚餐而強力請求、邀約的，是哪一句話？

「如果方便的話，要不要一起去吃午餐？」

「如果方便的話，一起去吃午餐吧！」

「要不要一起去吃午餐？」

「一起去吃午餐吧！」

雖然說的是同一件事，但說話者「真心的程度」都顯露在說法上。最右邊的真心程度最低，最左邊的則最高。

不管怎麼說，人類只有當對方真心面對時，才會願意採取行動。

謙虛不是美德！

謙虛是品德高雅的美事，但到了現今這個時代，已不再是時時刻刻都必須如此。比起表現出謙虛，有些時候清楚表達才能讓對方的心情變得更正面。

✕ **「這是一點小意思。」**
「不知道合不合您的胃口。」

雖然能表現出謙虛的姿態，但由於是慣用的固定說法，對方的心情不會有特別的波動……

○ **「這是號稱丸之內伴手禮第一名的限量商品。」**
「我特別選了即便炎炎夏日食慾不振時也好入口的東西。」

由於表達出「我是為了你而選」的心情，對方的心情會變得正面。

訣竅③ 不要讓對方產生負面的情緒

如同第2章裡提到的，當聽者開始覺得「不知道你要說什麼？」「說好久喔……」的時候，就會感到焦躁，心情會變得負面。

在這種狀態下，聽者就會失去為說話者採取行動的意願。

舉例來說，請試著回想上司發出的命令。

對於無法信賴的上司，你的情感是負面的。於是，就算你接到命令，也只會做必要範圍內最低限度的工作，無法期待你有超出命令的行動。

另一方面，對於信賴的上司，你的情感則是正面的，所以行動成果超乎預期的機率也會變高。

若想促使他人行動，首先就要設法不讓對方的感情變得負面。

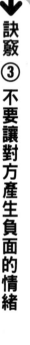

行動方式依對方的情緒狀態而有所變化

情緒是正面時

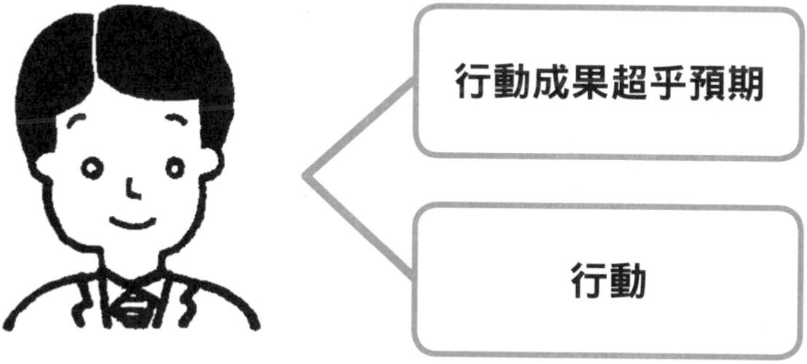

情緒是負面時

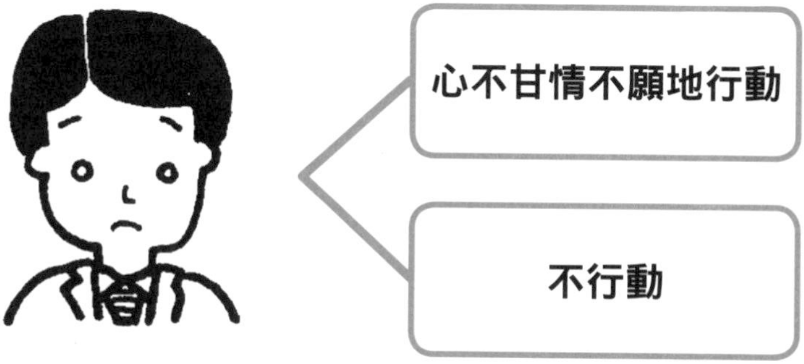

Section 2

在開頭用一句話說明行動

若是你沒有明確地用語言表達「希望對方怎麼做」的話，對方會不知道該怎麼做才好。他可能無法如你預期地行動，或是為所欲為地按照對自己有利的解釋來行動。所以，你在開頭就要用一句話把「希望對方怎麼做」的行動說明清楚。

NG

「最近，好悶熱喔！老是滿身大汗而睡不好，食慾也好差……。這種時候，就是會想吃清爽的東西，對吧。車站後面，上星期才剛開幕的大樓裡，有一家總是大排長龍的蕎麥麵店，對吧？

那裡的店長是我的高中同學，昨天我在下班途中遇到他。
你看！這個，他還送了我折價券。
一般午餐時段是不能訂位的，但因為我們是朋友，能讓我事先訂位喔！」

OK

「明天的午餐，一起去蕎麥麵店吧。
地點是在車站後面上星期剛開幕的大樓裡，
一家總是大排長龍的店。
我有折價券，午餐時段也能訂位。
最近，你說想吃清爽一點的東西，對吧。
我們一起去蕎麥麵店吧！」

如 OK 的範例一樣，在最後重複一次說明行動的話更好。

Section 3

加上期限

「您有空的時候……」這種說法雖然方便，卻意味著「真的空出來的時候」。商務人士手上總是有些必須處理的工作，也常常被截止期限追著跑，基本上很難真的有空。如果是有空時才做也沒關係的事，就會往後推延。

當別人拜託你的順序是A↓B↓C的時候，你會以哪個順序來著手進行呢？

A 對方說「等您有空的時候」的資料製作
B 對方說「希望在本週星期四上午十點前提交」的資料製作
C 對方說「希望在下週下午一點半之前提交」的資料製作

相信絕大多數的人都會回答是以「B→C→A」的順序。

甚至，在交完C的時候，如果又有一份「請在傍晚四點前完成估價單」的請託，A的資料又會被擱置得更久。

我們總是會從緊急的、有截止期限的事情開始著手。也就是說，不管過了多久，我們都不會去處理用「等您有空的時候」這種程度來委託的工作。

為了讓對方採取行動，你在說明請託事項時，一定要一併告知「到何時為止」的期限。

NG

「啊，田園先生。不好意思，
這個，你有空的時候就行，
能不能幫我做一下？」

「真田小姐，你有空的時候能不能叫我一聲？」

「如果有空的話，一起去吃午餐吧！」

POINT

「有空的時候＝不是什麼重要的事」，會被對方以「聽者的基準」，把優先順序設定得較低。

OK

「啊，田園先生。不好意思，這個，十五日的下午三點前能不能幫我做好？」

「真田小姐，一個小時以內能不能叫我一聲？」

「下週五的十二點，在以美味日本料理引發話題的沙巴卡，一起吃飯吧！」

POINT

當說話者明確提出期限或日期，對方就會以「說話者的基準」來採取行動。

Section

4 要用基準相同的數字來談論標準

你的「多一點」、「少一點」的基準是多少呢？

當你說「白飯再一碗！麻煩少一點」，結果拿到的「比想像的多」，或是變成「我是說少一點，但這也太少了吧！」的狀況，絕對不罕見。

不過，我們也沒辦法用「請給我三十八公克！」、「我要三十八公克！」這樣的說法，但如果像是「這個碗的三分之二」或「三分之二」這樣，用明確的基準（這裡是碗）和數字來請託的話，每個人都能想像出幾乎相同的分量。

因為「多一點．少一點」、「大．小」這類分量的解釋會因人而異，所以要用數字來談論。

NG

「這次的年終聚餐參加的人也少，而且每次飲料都剩下非常多，對吧。所以，啤酒少一點好，披薩也少一點。但是三明治每次都不夠，所以要多一點喔！」

↓

「謝謝你幫忙準備。但啤酒有點少，只有這些嗎？餐點的部分全都是三明治，這是怎麼回事啊？」

OK

「這次，啤酒五百毫升罐裝的一箱就好喔！還有，披薩也只要上次的一半分量。三明治就用上次訂量的兩倍下單喔！」

POINT

用共通基準的計量數字來表達。

Section

5 讓對方成為夥伴

當有人對你說以下的話時，實際上你會有所行動的是哪一句話？

A「要不要一起去吃午餐？」

B「如果可以的話，請一起去吃午餐。」

C「一起去吃午餐吧！」

如果是A的「要不要○○？」，回覆就是「要」或「不要」二選一。在說話者的潛意識裡，有一種「就算有一半的機率會被拒絕也沒關係」的感覺。

B的「如果」這個詞，是有「萬一」的意思。在說話者的潛意識裡，有一種「一萬次裡大概有一次對方會答應」的感覺。

而C的「〇〇吧！」則有一起行動的意思。比起覺得「就算有一半的機率會被拒絕也沒關係」、「一萬次裡大概有一次對方會答應」的邀約，表露出「絕對想和你去」這種心情的說法，當然比較能促使別人行動。

NG

「心理學老師的演講，要不要一起去？」

「如果可以的話，能不能請您買這本書？」

「下星期花澤先生的歡送會，要不要參加呢？」

OK

「心理學老師的演講，一起去吧！」

「買這本書吧！」

「參加下星期花澤先生的歡送會吧！」

POINT

用「（一起）〇〇吧！」來讓對方成為夥伴。

Section

6 不把談判視為前提

如果想讓對方如你所預期地行動，就不能把談判視為前提。

例如在價格談判的場合，大多都是從稍高的設定價格開始一點一點往下降。

換言之，第一回合是以敗戰之姿參加，找尋與對方之間的妥協點。如此一來，對方當然不會如你所預期地行動。

NG

「我們和貴公司已往來許久，今後也想一直持續友好的關係，所以用這份心意折去十萬元，定價九十萬元的部分算八十萬元，不知意下如何？」

（如果到七十萬元為止，嗯，降價也無妨，總之先用八十萬元談談看。）

OK

「提案價格是兩組一百七十萬元。
相信貴公司也知道，敝公司平常是不減價的。但這次特別破例，兩組的話就可以折價。基於與貴公司十年的往來，以及今後也想維持友好關係，我們竭盡所能地給予特別的優惠價格了。
再多的話，公司也不會同意。
兩組一百七十萬元，希望您務必以這個條件簽下合約。」

POINT

一開始就做好「一次拍板定案」的心理準備來發言。

Section

7 以斷定的語氣來提高說服力

當A與B兩位上司在場時，你會信賴誰的建議？

A「我覺得這個的設計比較好喔！」

「我覺得這個企畫能改一下的話，比較好。」

B「這個的設計比較好呢！」

「改一下這個企畫吧！」

「我覺得」是出於沒有自信的說法，容易讓聽者覺得懷疑、不信任。而斷定的語氣則是有自信才能說出口的，能讓聽者覺得信服。若想要促使他人行動，就要帶著自信以斷定的語氣發言。

NG

「我覺得引進這部影印機的話，很不錯。」

「我覺得這個商品很適合您。」

「我覺得應該沒問題。」

OK

「如果引進這部影印機的話，很不錯喔！」

「這個商品很適合您！」

「沒問題的！」

POINT

用斷定的語氣發言。

Section 8

不重複使用同樣的說法

想要強調重要性時，把要點一再重複是沒問題的。但是，一再重複不太有意義的詞語或句子就是多餘的，容易讓聽者覺得囉唆、感到焦躁。你要大刀闊斧地去除「冗詞贅句」。

NG

「我覺得想和大家一起去吃午餐。我覺得車站前面的壽司店不錯。因為評價有三．八分，也常常大排長龍，所以我覺得它是熱門店家。」

POINT

實際上沒有想要強調「我覺得」，它就變成單純的贅詞。

OK

「大家一起去吃午餐吧！
車站前的壽司店不錯喔！
因為它是評價三．八分，也常常大排長龍
的熱門店家。一起去吃午餐吧！」

「我覺得想和大家一起去吃午餐。
我認為車站前面的壽司店不錯。
因為它的評價有三．八分，也常常大排長
龍，所以我感覺它是熱門店家。」

POINT

想要強調的部分，
就算重複也沒關係。

POINT

口頭禪是「我覺得」的人，光
是換成「我認為」、「我感覺」，
囉唆的感覺就會大幅減少。

Section

9 長話短說

當你長篇大論時，就意味著剝奪了對方相應的時間。如果是有意義的內容，當然沒問題，但若毫無意義又剝奪了對方的時間，聽者就會愈來愈焦躁。所以要注意別說多餘的事，並且長話短說。

「無謂的沒完沒了」這種狀況，經常發生在研討會或演講結束後的問答時段。明明主持人都說了「由於剩下的時間不多，有問題的人請簡短發言」，但一不小心就「說起自己」的聽眾卻屢見不鮮。發言時，請意識到「不剝奪他人的時間」，盡量簡短地只說必要的事項。

（在研討會的最後一幕）

「由於所剩時間不多，只夠一位發問。有問題的來賓請舉手！」

NG

「謝謝您今天珍貴的分享。
我來自廣島，名叫沖本留里子。
從事糕餅製造，經營一家名為沖本屋的店。
昨天來到東京……（沒完沒了）
……（過了五分鐘）所以，請多多指教。」

OK

「謝謝您今天珍貴的分享。
我來自廣島，名叫沖本留里子。
以下是我的問題。關於〇〇〇，您的意見是？請多多指教。」

POINT

說了「自我介紹」、「經驗」、「意見」，但沒有關鍵的「問題」。

提到「說起自己」，就是自我介紹。但在進行自我介紹時，若能想到對方，就可以擺脫自顧自說起自己、讓對方焦躁不耐的窘態。

NG

「我是八櫻股份有限公司的森裕子，投入化學廢棄物處理的工作已經四十八年，最近以『幫您丟』的理念，希望能夠做到以無害化來處理用完的化學藥品、營造安心安全的世界，登錄了化學廢棄物風險管理小組TEAM CWRM的商標，所以如果您有化學廢棄物的資訊，還望您不吝分享。請多多指教。」

不但一句話太長，而且只有說話者的資訊，聽者的心情自然不會有什麼變動。

OK

「我的名字是森裕子。現在正在做的是，賭上我的人生的『幫您丟』。我的目標是，將用完的化學藥品以無害化處理，實現安心安全的世界。因此，有件事希望各位能多多幫忙。若有聽到、看到化學廢棄物的資訊，無論是什麼都請告訴我。另外，我能貢獻給各位的是，能幫您與想見的人牽線。因為至今為止，我與許多經營者都有過交流。我是八櫻股份有限公司『幫您丟』的森裕子。請多多指教。」

Section

10 以對方為中心發言

聽者總是只聽對自己有利的事，如果知道採取行動對自己有利的話，就會願意行動。例如，突然來訪的業務員第一句話是：

「您好。如果我到傍晚為止不帶五十張名片回去交差的話，就會被老闆罵。所以，請您惠賜名片！」

你會遞名片給他嗎？

說話者（業務員）的好處

- 可以帶回名片上的資訊
- 可以不被上司責備

聽者的好處

- 沒有

⇩

聽話的人不會行動

NG

「我想要試一試這個企畫。從很久之前，我就想靠這種大型案子做出實際成果。這是非常值得投入的工作，我會努力的。」

OK

「請讓我一起為這個企畫努力。從很久之前，我就覺得在這種大型案子中，自己也能有所貢獻。所有相關瑣事都請儘管吩咐我。這樣一來，大家的作業就會更順暢。請一定要讓我和大家一起努力。」

POINT

【以自我為中心】

- 自己想試試看
- 想要做出屬於自己的實際成果
- 自己想要努力

POINT

【以對方中心】

- 我想為了你而貢獻
- 為了大家而行動
- 想要一起努力

Section 11

不是說服對方，而是讓對方信服

當你想要「說服」對方時，表達方式就會不自覺地變成想要勸說對方。這個那個地長篇大論，聽者的心情只會變得負面。

希望各位追求的是：讓聽者「信服」的表達方式。

當聽者覺得對方是在勸說自己時，自然就會喪失行動意願，但當對方的話是值得信服時，聽者的心情就會變得較積極，也比較容易出現成果超乎預期的行動。

○ 信服

站在對方的立場思考「該怎麼說比較好？」

目標是讓對方信服

- 以對方為中心在發言。
- 沒有廢話。
- 言簡意賅。
- 說話者本身很明確知道自己想說什麼。
- 以對方的情緒為中心，試圖造成影響。
- 聽話者情緒有所變動，萌生「信服感」。

情緒很正面積極，容易出現成果超預期的行動。

✕ 說服

獨斷地思考「這個也想說，那個也想說！」

試圖勸說對方

- 以說話者為中心在發言。
- 無謂地重複同樣的話。
- 長篇大論。
- 說話者到後來搞不清楚自己想說什麼。
- 聽話者覺得被勸說，產生「厭煩的心情」。

一想到對方在勸說自己時，行動的意願就會自然消失。

NG

「所以，就像我每次講的一樣，
我說這些都是為了大家著想。
如果這樣製作資料的話，就輕鬆啦！
後續也一目了然，對吧！
你看，你看這裡！這個資料也一樣。
……（這個那個說明開始後過了十分鐘）……就是這樣，
我負責的那個時候，改成這個形式之後，
加班時間也少了一半。
所以，應該採用這個方法！」

POINT

當聽者覺得對方在勸說自己時，心情會趨向負面。

OK

「我的提案是：製作資料的新方法。
因為我以前改成這個形式之後，
成功地讓加班時間減半。
各位製作資料時也一定會
變得更輕鬆。
所以，我提議採用這個方法。」

POINT

用站在對方立場的表達方式，讓對方信服。

CHAPTER 3 總結

模稜兩可的說法，不會讓對方採取行動

1 不說怎麼做才好

2 說「您有空的時候」

3 用形容的方式來說分量

4 疑問句或是使用「如果」

5 以多次交涉為前提

6 描述自己的感覺

7 重複冗詞贅句

8 超過了時間也不停止

9 只以自己的利益來思考

10 試圖說服對方

充滿自信的發言，會讓對方開始行動

1 在開頭用一句話說明行動

2 加上期限

3 要用基準相同的數字來談論標準

4 讓對方成為夥伴

5 不把談判視為前提

6 以斷定的語氣來提高說服力

7 不重複使用同樣的說法

8 長話短說

9 以對方為中心發言

10 不是說服對方，而是讓對方信服

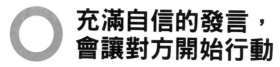

專欄

「反效果！千萬不能做」重點 ③

說話時抑揚頓挫，會顯得做作

若能夠配合開心或悲傷的內容，帶有感情地說話是很棒的，但情感豐沛的說話方式，不應該是刻意營造的。

有意識地做出抑揚頓挫時，馬上就會讓人覺得矯揉做作。你是為了工作或生活中溝通的一環而說話，不是劇場演員。所以，自然就好。

以前，來參加講座的學員中，曾經有一位的說話方式抑揚頓挫太過浮誇，讓人覺得彷彿是寶塚歌舞劇的表演。我甚至還不禁問出：「您曾經待過劇團嗎？」

根據那位女士的說法，她曾經花了一年的時間去上說話課，但在職場上，別人還是聽不懂她在說什麼，也無法促使他人行動，所以才來參加我的講座。或許職場上的人都覺得她太浮誇做作，不是認真的，才會沒有行動的意願。

請時時提醒自己，說話方式要自然。

CHAPTER 4

讓人行動成果「超乎預期」的表達方法

Section 1

讓對方的心情變得正面，成果就能超乎預期

如同在74頁中所說的一樣，人會為了某人做出超乎預期的行動，是因為在自己和那個人的關係中，心情是趨向正面的。

為了讓對方的心情趨向正面，同理和稱讚對方是有效的方法，相信各位也都明白。但是，「無法和對方有同樣的心情而不擅長同理」的人，或是「沒辦法睜眼說瞎話，所以不擅長稱讚」的人也不在少數。

不過，請你大可以放心。「同理」或「稱讚」都只是一種技巧。你無須和對方有同樣的心情，也不必說些言不由衷的客套話。只要稍微學會一點訣竅，馬上就能同理、稱讚他人。

特別注意「自以為在同理」、「自以為在稱讚」的情況！

或許有些人是「無論同理或稱讚他人都很擅長！」。但請等一等。你的「同理」、「稱讚」是不是說話者的「自以為是」？和前面提過的「自以為說了」一樣，無論是同理或稱讚，只要聽者沒有解讀成「有人同理我」、「有人稱讚我」的話，就毫無意義。聽者覺得對方「以高姿態」「否定」自己，而感到不快的，也是所在多有。

被看成傻瓜？ ← 以為自己在稱讚

Section 2

自己的心情沒變動也可以

請試著對自己說：

「現在，我要馬上愛上路過的人。」

如何？你能愛上嗎？能控制自己的心情嗎？

恐怕是沒辦法吧！那麼這個又如何呢？

「現在，馬上站起來，舉起雙手。」

做得到，對吧！

就像這個例子一樣，人類可以馬上活動自己的身體，卻無法即刻操控自己的心情。這是無可奈何的事。

所以「同理」或「稱讚」也一樣，你不那麼覺得也完全沒關係。

不擅長同理的人當中，很多都是「因為無法變成和對方同樣的心情。」不過，這背後隱藏著一個誤解。因為那不是「同理」，而是「同感」。

「同感」，顧名思義就是必須變成同樣的心情。

然而，同理則無須變成和對方相同的心情。即便你內心懷有和對方完全不同的心情，只要你能夠理解對方的心情，那就是「同理」。

只要讓對方覺得「有人同理自己！」、「有人稱讚自己！」的話，就能讓對方的心情變得正面。

Section 3

用一句話就能牽動他人的心情

雖然我們很難操控自己的心情，卻往往只因為別人的一句話，心情就有所變動了。

因為對方的一句話，我們

時而欣喜、

時而憤怒、

時而哀傷、

時而歡樂。

換言之，我們只需要用一句話，就能牽動對方的情緒。

在以下的項目中，試著說一句話讓對方能夠解讀成是「有人同理自己」、「有人稱讚自己」。

Section 4

關注對方的行動

讓對方覺得「有人同理自己」的訣竅之一，就是關注對方的行動。例如，職場的晚輩向你吐苦水時，你會對他說什麼呢？

「上田課長總是突然就說要把實際銷售成績表交出來。所以，我為了在被說些什麼之前做好一切準備，昨天加班了。我先把資料整理好，連分析也做了。」

常見的NG模式是，以為自己表現出「同理」，實際上卻成了「同情」。「同情」無關乎對方的心情，純粹只是在表述說話者自身的想法和情緒而已。

NG

「岸本部長也是一樣，突然就說要把資料交出來。」

「上田課長也總是這樣。」

「我昨天也加班了。
今天晚上去喝一杯紓解壓力吧！」

「那真是辛苦了啊！」

「你做得很好了。」

POINT

- 訴說自己的經驗是 NG 的做法。
- 對方沒有說辛苦，所以斷定「對方辛苦」就成了同情。
- 「你做得很好了。」是看輕對方的發言。

每個人都希望受到肯定和認同。因此，透過重複對方「行動」的部分，可以讓對方覺得「自己的行動受到肯定，獲得理解」。

重複對方行動的部分（肯定對方的行動）
對方：「叫我提出來！」
←
自己：「叫你提出來啊！」

對方的發言中包含好幾個行動時，就重複最後的行動。
對方：「把資料整理好，連分析也做了。」
←
自己：「你連分析也做了啊！」

OK

「叫你提出來啊！」

「加班！」

「連分析也做了啊！」

「連分析也做了啊！你很拚呢！」

「你加班時把分析做了啊！我也加班了喔。」

POINT

想要慰勞對方，或是訴說自己的經驗時，可以附加在重複對方的行動之後。

Section 5

關注對方的想法

當對方在訴說時變得有點情緒化，尤其是你面對累積了負面情緒的人，可以透過關注對方的想法，把對方的情緒帶往正面的方向。例如，有人向你抱怨這樣的事情時，你會怎麼回應呢？

「我在網路上買了零食，
網站上明明寫著賞味期限是一個星期，
結果收到的那天就是賞味期限的最後一天。
今天送達，今天就是賞味期限最後一天，這也太奇怪了！
早知道會這樣，我就不會下單了。」

NG

「你就不要在網路上買東西啊！」

「快去跟店家客訴一下！」

「至少賞味期限要到隔天吧！」

「真是麻煩呢！」

「我沒有特別覺得哪裡奇怪耶！」

POINT

- 對方沒有徵求你的意見。
- 要避免表達自己獨斷的想法。

重複對方「想法」的部分，會讓對方覺得「自己的想法得到認同，獲得理解」。尤其是認同「想法」並展現同理的技巧，對男性特別有效。因為大多數的男性對於自己的想法得到認同，都會感到開心。

重複對方想法的部分（認同對方的想法）
對方：「配送當天是賞味期限的最後一天，實在太讓人無法接受了！」
←
自己：「無法接受！」

對方的發言中包含好幾個想法時，重複最後的想法。
對方：「我無法接受，而且今天送達，今天就是賞味期限最後一天，真是太不合理了！」
←
自己：「太不合理了啊！」

OK

「你覺得今天是賞味期限最後一天真是太不合理了！」

「你覺得太不合理了啊！」

「你這麼覺得啊！」

「你覺得太不合理了啊！我也這麼覺得。」

「你覺得太不合理了啊！網購真是什麼狀況都有呢。」

以「你是這麼想的啊！」的意思，來重複對方的話。

Section 6

關注對方的情緒

到目前為止，我已經說明了認同對方的「行動」、「想法」，有助於「同理」，但真正的同理是認同對方的「情緒」。尤其是大多數女性都希望自己的「情緒」被認同，所以對女性特別有效。

「演唱會的門票，每次都沒有抽中，真是令人傷心。這次終於抽中，可以去了，真開心！好期待那一天喔！」

（譯注：日本演唱會的門票販售大多採用抽籤制。）

NG

「真是令人羨慕！我沒有抽中，真不甘心啊！」

「恭喜！」

「你好有毅力喔！」

「我也抽中了！」

「抽中的訣竅是什麼？」

POINT

- 無論對方是開心還是生氣，若要同理對方的話，就不要把話題轉到自己身上。
- 「恭喜」這句話是聚焦在抽中的事實，並沒有關注對方的情緒。

當「情緒」這個無形的部分也獲得理解時，對方就會覺得「這個人很明白我的心情」，心情會變得更正面。就算你沒有真的理解對方的情緒也沒關係。只要從對方的話語中，把焦點放在「情緒」的部分，然後重複即可。

重複對方情緒的部分（揣測對方的情緒）
對方：「這次我終於抽中，可以去了，真開心！」
←
自己：「真開心呢！」

對方的發言中包含好幾種情緒時，重複最後的情緒。
對方：「真開心！好期待那一天喔！」
←
自己：「很期待，對吧！」

OK

「很傷心，對吧！」

「很開心，對吧！恭喜你！」

「非常期待，對吧！」

「真開心，很期待，對吧！」

「很期待，對吧！我也抽中了。」

POINT

在同理之後
再祝賀。

POINT

在同理之後，
再說自己的事。

Section

7 不讓對方說出負面話語

日本人在被稱讚時，都會說「沒有沒有……」以表示謙虛。因此，從結果來看，稱讚反而會讓對方說出否定的話語，而這些話也會進入對方耳裡，讓對方的情緒趨向負面。

NG

「好可愛的胸針呢！」
「好有型的公事包喔！」
「好帥氣的西裝喔！」
「真美的字呢！」
「你畫得真好！」

把主詞「你（的●●）」改成「我」的話，對方就不必用否定的話語來回應了（「你的胸針好可愛」→「我也想要那樣的胸針」）。

試著把「YOU（你）訊息」轉換成「I（我）訊息」。

OK

「我也好想要那種設計的胸針喔！」

「我也好喜歡這個公事包喔！」

「我也想把西裝穿得這麼有型！」

「如果我寫的字也能像你寫的一樣就好了……」

「如果我也能畫出這樣的畫就好了！」

Section

8 用「提問」讓對方誤以為「被稱讚」

即便你以為稱讚了對方，若對方沒有解讀成是「自己受到稱讚」的話，就毫無意義了。甚至，有些稱讚方式在最近還可能被解讀成性騷擾。此外，「稱讚」是以一種高姿態的角度在評論對方，也有些人會因此感到不快。

NG

「你的眼鏡好有型呢！」
「這件紅色的衣服真帥呢！」
「這道餐點真好吃呢！」
「這個髮型很適合你呢！」
「這份資料整理得很好呢！」

要先理解「稱讚」基本上是在上下關係中使用的話語。

為了讓對方覺得「受到稱讚」，「提問」很有幫助。因為是提問，就不會是從高姿態出發的評論。也因為是「以低姿態向對方請教」，能讓對方有優越感。

OK

「這副眼鏡是在哪裡買的呢？」

「您的衣服是在哪裡買的呢？」

「這道菜是怎麼做的呢？」

「您都上哪裡的美髮沙龍呢？」

「您是怎麼整理這種資料的呢？」

POINT

提出一些會讓對方開心回答的問題。

Section

9 讓對方「炫耀一下」

為了讓對方覺得「受到稱讚」，提問是有效的方式，但對過去的事追根究柢地提問，很容易變成質問、審問，所以要避免。若對方覺得受到責難的話，心情就會趨向負面。

NG

「為什麼你做了呢？」
「你是什麼時候做的？」
「不成功是為什麼？」
「是誰做的呢？」

關於過去的提問，請把焦點放在成功經驗上。針對過去的成功事件發問，請對方聊一聊，當時的心情就會在對方的心中浮現。讓對方在不自覺中說起自己值得炫耀的事蹟，就能讓對方的心情趨向正面。

OK

「您在學生時代是一位什麼樣的學生會長呢？」

「您受到表揚時，是什麼樣的心情呢？」

「能不能請您分享一下靠著自學考取證照的祕訣呢？」

「為了入選繪畫展，請問您下了什麼樣的工夫呢？」

Section

10

告訴對方來自第三者的傳聞

再重複一次，直接的稱讚會變成在評論對方，你一不小心就容易顯露出高姿態。

NG

「你整理的資料真的很淺顯易懂呢！」

「這些當中，〇〇最好吃了！」

「你總是很快就回信了呢！」

「你工作學得很快呢！」

不過，間接的稱讚是可以的。光是傳達第三者所說的話，都能讓對方的心情趨向正面。就算是傳聞，只要是好話，就不妨告訴對方。

OK

「部長說，你整理的資料很淺顯易懂呢！」

「聯歡會的時候，山田他們都很開心你訂了一家好餐廳。說只要是你當幹事的時候，都不想缺席。」

「我聽會計部的人說，你總是很快就回信，所以和你一起工作很放心呢！」

「清川前輩說，你工作學得很快，所以教你很輕鬆呢！」

CHAPTER 4 總結

- ☑ 讓對方的心情趨向正面，他就會有成果超乎預期的行動。
- ☑ 就算你不是真心覺得，也能同理和稱讚。
- ☑ 用一句話牽動對方的心情。
- ☑ 只要對方解釋成「被同理」就可以。
- ☑ 只要對方解釋成「被稱讚」就可以。

讓對方解讀成「被同理！」的訣竅

- 關注對方的行動
- 關注對方的想法
- 關注對方的情緒

讓對方解讀成「被稱讚！」的訣竅

- 不讓對方說出負面話語
- 用「提問」讓對方誤以為「被稱讚」
- 讓對方「炫耀一下」
- 告訴對方來自第三者的傳聞

專欄

「反效果！千萬不能做」重點 ④

慢條斯理地說話，會變成讓對方焦躁的原因

當你打電話到客服中心或售後服務專線，聽到播放的語音指引時，是否曾對語音指引非常慢條斯理的說話方式感到焦躁呢？

明明不必慢到那種程度，我們也聽得懂，所以希望它們更乾脆俐落一點。不過，由於是自動播放的語音指引，我們只能自認無可奈何而忍耐。

另一方面，如果這是發生在人與人的直接對話上，狀況又會如何呢？

溝通時，配合對方很重要。對方說話快的話，我們也要說快一點。對方說話慢的話，我們就說慢一點。

不需要總是說得很慢。一切都取決於對方。

CHAPTER

5

這種時候該怎麼做？不同情境下促使對方行動的表達方法

Section 1

有事想跟忙碌的上司商量

如果聽起來只是單純按照時間順序報告、喋喋不休的長篇大論，或是搞不清楚到底要說什麼的內容，都會讓忙碌的人覺得焦躁。所以，你在表達時要意識到「從結論開始」，在開頭就用一句表達「我想要商量的是關於○○」。

NG

「部長，總務部的井上先生，據說原本進公司時就是想做會計的工作。因為他特地學了很多相關知識，還考了證照，據說還是想做會計的工作。如果井上先生辭職，導致離職率上升的話，可就傷腦筋了。」

OK

「部長，謝謝您抽空見我。
我想要跟您商量的是井上要離職的事。
離職的理由是，他想當會計。
我的想法是，如果能把他調到會計部門的話，
或許他就能重新考慮離職的事。
如果是部長的話，您會怎麼做呢？」

POINT

具體提出自己在猶豫的事，
讓對方知道找他商量只是
想要詢問參考意見。

Section 2

有事拜託比自己年長的下屬

就算自己在組織裡的位階較高，但由於對方年紀較長，還是要有尊敬的態度。在拜託對方時，要表現出「關於這個部分的業務，自己真的非常不擅長，希望向您請益」的態度。請益、求教都是站在比較低姿態的立場。當對方覺得「你這麼給我面子」，就不會不開心，也會願意行動。

NG

「能拜託你整理這份資料嗎？」

OK

「我想拜託鈴木先生的事，就是整理這份資料。
我只能拜託經驗豐富的鈴木先生您了。
截止日期是下星期一的傍晚四點為止。
所以，這份資料的整理工作就拜託你了。」

透過給對方面子的方式，展現尊敬的態度。

Section

3

想提醒經常無故曠職的工讀生

提醒是「高姿態」。所以，請你試著改成「請託」的方式來表達。認同對方，加上感謝的話，就能讓對方的心情趨向正面。如此一來，他就更願意傾聽你說的話。

NG

「要我說幾次你才會懂？就是因為這樣，工讀生才那麼讓人傷腦筋。要休息時，你一定要提早聯絡！懂嗎？」

POINT

高姿態會讓對方的心情變得負面，不願接受你的說法。

OK

「謝謝你總是把資料整理得很好。
田中小姐的資料很少出錯，真是幫了大忙。
對了，有件事想拜託您。
要拜託您的是，希望您請假時能在事前跟公司聯絡。
田中小姐也是團隊的一員，若是不聯絡的話，大家會擔心，職場氣氛也會變得很沉重。
如果有事先聯絡，其他人也會安心，露出笑容。
拜託您請假時一定要事先聯絡喔。」

POINT

- 平日的感謝加上請託的事。
- 使用結果法的話，會讓談話更容易總結。

Section 4

想要結束長篇大論（一）

如果對方總是長篇大論的話，不妨在一開始就先宣告時間的限制。有時間限制時，對方也會在一開始就說最想說的事，此外，若你想在中途打斷對方，也會變得比較容易。

NG

對方：「可以耽誤你一點時間嗎？」

你　：「可以，如果只是一下下的話。」

對方：「……〇〇……，然後啊……△△……，所以……

□□…就是這樣啊（過了十分鐘）」

POINT

基準太模稜兩可了，會導致你不好打斷對方。

OK

對方：「可以耽誤你一點時間嗎？」

你　：「如果在五分鐘內的話沒問題。因為我在三十分鐘內必須寄出一張請款單。」

對方：「……○○……，然後啊……△△……，所以……□□……就是這樣啊。」

你　：「啊，我差不多得去寄請款單了，該回座位了。沒辦法撥時間給你，真的很不好意思。」

POINT

如果超過限制的時間，你在中途打斷對方也不要緊。

Section

5 想要結束長篇大論（二）

有時，因為你讓對方的心情趨向正面，結果讓對方更興致勃勃地說個不停。

如果時間允許，當然希望能讓對方開心地暢所欲言，但你卻沒辦法撥出更多的時間……這種時候，不妨使用「對了」這句話。

NG

「我還想聽你說，但因為時間不夠了，等下次有機會時再說。」

「很開心聽你說話，但我現在要出門，不好意思。」

OK

「（聽了對方的話後）聽你說話很開心呢。對了，今天傍晚五點前，我得交出企畫書。您的話才說到一半，我真的非常抱歉，請容我先離開。」

POINT

如果對方有短暫停頓，就對他最後說的話表示同理，然後用「對了……」來結束對話。

Section

6 沒有替代方案，但想表示反對

想要表示反對意見時，要注意不要讓對方的心情趨向負面。即便你反對對方的意見，也不要全盤否定，要先認同對方的意見，再表達自己無法贊成的心情。即便沒有替代方案，表達無法贊成的心情也沒有問題。

NG

你　：「我反對這個意見。」

對方：「那你有什麼樣的構想呢？」

你　：「啊，我還沒想到……」

對方：「明明連一點想法都沒有，就不要對別人的意見吹毛求疵。」

OK

「原來有這樣的想法啊！我無法提出其他的方案，真抱歉。但我還沒有完全信服，目前無法贊成。」

「對於我完全沒想到的意見，我十分折服。我目前想不到可以提出什麼替代方案，真是抱歉。但我在此有個疑問，驗證的結果有沒有什麼令人擔憂之處呢？請告訴我詳情。」

POINT

- 先表達沒有替代方案一事。
- 表達不是「反對」，而是「無法贊成」的心情。

POINT

- 指出缺點的話，會讓對方的心情變得負面，所以不要指摘對方，而是要讓對方說話。

Section 7

反對對方的意見，而且想要堅持己見

要認同且不否定對方的意見，以避免情感上的對立。此外，你可以透過談論自己意見的缺點與因應對策，讓對方知道自己是經過深思熟慮的。

NG

「**我絕對反對這個意見**。

由於使用這個商品的世代，不看報紙廣告和夾頁廣告，

所以不符合時代現況，

進行驗證也只會浪費時間與金錢。

我的提案是，充分活用社群網站。

沒有理由不活用社群網站啊！應該活用才對！」

POINT

全盤否定別人的意見，會導致情感上的對立。

OK

「能夠聽到自己沒想到的意見，真好。
另一方面，我的提案是○○。
優點是△△，令人擔憂之處是□□，
因應對策是●●。
總結以上，我的提案是○○。」

POINT

- 認同對方的意見。
- 也提出自己意見的優缺點與因應對策（兩面法的框架）。

OK

「這是我沒想到的意見。
另一方面，我的提案是○○。
它的效果有兩個。
第一是△△。第二是▲▲。
關於第一個△△，～～。
第二的▲▲是～～。
此外，令人擔憂之處是□□，
因應對策是●●。
總結以上，我的提案是○○。」

POINT

- 提出雙方的優缺點（兩面法的框架）。
- 說明優點時，運用「二、三個法的框架」會讓總結更俐落。
- 缺點不要舉出太多個，只要一個就好。

OK

「這個意見，我完全沒想到。
另一方面，我推薦的商品提案是A。
理由有兩個。
第一是△△。第二是▲▲。
關於第一個△△，優點是～～，
缺點是～～。因應對策是○○。
關於第二的▲▲，優點是～～，
缺點是～～。因應對策是●●。
總結以上△△、▲▲兩個理由，
我推薦的商品提案是A。」

POINT

- 理由眾多時，用「二、三個法的框架」來說明，就很簡潔明瞭。
- 結論的理由用詞語來表達。

Section 8

當自己的意見遭到反對，想要巧妙反駁時

自己的意見遭到反對時，心情當然會變差。不過，別人對你的意見有反應，至少代表他對此是關心的。如果對方沒將此放在眼裡的話，甚至連反應都沒有。因此，請你不要變得情緒化，責難對方，而是要把對方拉到自己的陣營。將它解讀成「對方幫我找出自己沒發現的負面面向」，充分地活用。

NG

「你的意見也沒什麼大不了的嘛！」

「這是我好不容易才想出來的。你這樣否定也太過分了吧。」

「如果這樣的話，你又有什麼樣的意見呢？」

OK

「謝謝您用心地思考了我的意見。
的確，關於○○，是我思慮不周。
關於這個○○，該如何改善才好呢？
希望大家一起來思考因應對策。
請大家多多幫忙。」

POINT

- 感謝對方的指摘。
- 把它當成讓自己的意見精益求精的機會
- 用「請告訴我」的低姿態，讓對方的心情變得正面。

Section

9 希望對方立即修正文件上的缺失

當本人愈是覺得「完美！」，他被指出缺失時的心情就會愈差。因此，你先說一些對於他提出文件的慰勞之語。接著，表達希望對方如何行動，並與對方分享提出的目的。最後，再說一次希望修正的內容。因為當人的心情變得愈負面時，聽人說話的能力就會愈差。

NG

「這份文件，完全不行！」

「為什麼你會犯這麼簡單的錯啊？」

「如果你沒有好好檢查再交出來，會讓我很困擾。」

「如果你不馬上修正後提出來，其他的業務也會因此被耽擱。」

OK

「謝謝你提出資料。
不過，要請你重交一次。
理由是，為了通過結算而不可或缺
的部分，有兩處有誤。
我附上了範本當作填寫的參考。
麻煩你訂正這兩個地方，
三十分鐘以內重新提交。」

明確表達期限是「三十分鐘」以內，也是重點喔！

Section

10

希望不遵守截止期限的人能遵守

你不用責備或指責對方，而是要商量解決方案。不過，這並不是要討論對方的行動。不談論是誰的錯，而是以「在業務中感到困擾，因為你值得信賴，所以想跟你商量」的形式提出討論。

NG

「伊達先生，你總是在截止期限之後才提出資料，導致我的工作被耽擱，我很困擾呢！請確實在截止期限前就提出喔！」

POINT

只是責備對方，對方的心情和自己的心情都會變得負面。

OK

「謝謝你一直以來都協助提出資料。
關於每月報銷申請文件的提交，想和伊達先生商量一下。
其實截止日期提早了兩天。
我一直在思考如何在截止期限之前
把大家的報銷申請文件整理好，
想請伊達先生給個意見。
您覺得該怎麼做才好呢？」

Section
11
希望下屬有問題時立刻上報

你要把報告的重要性告訴下屬，也必須讓下屬能夠想像透過報告會有什麼後續發展。即便你覺得「這種事不說也知道吧！」，但他們之所以不報告，就是因為不知道。此外，你也要告訴下屬，報告會為他們加分。

NG

「發生問題的話，你要馬上向我報告啊！如果發展成無法挽回的局勢，該怎麼辦啊！要負責任的可是我耶！」

POINT

只說了對自己的壞處，對方的心情不會有所變動。

OK

「我希望如果發生問題了，你能馬上向我報告。

你馬上報告的話，

我們就可以一起把失誤控制在最低程度，

這樣的話，黑木你自己也比較放心，對吧？

如果還有餘力，在報告時也一併提出自己的

解決方案，更是幫了我大忙。

在發生問題時要馬上向我報告，

還請你要多配合。」

POINT

說明對對方的好處，對方的心情就會變得正面。

Section 12

希望對方不要一直問同樣的問題

「這個就跟剛才說過的一樣……」，有時你不禁就想挖苦對方，但這麼做的話，對方的心情就會變得負面。結果，對方就算不懂，也漸漸不再發問，導致工作的品質變差，最後困擾的還是你自己。所以，除了促使對方若不瞭解就要發問之外，你不妨主動深入挖掘更具體的問題所在。

NG

「剛剛我也說明過了，對吧！
為什麼你總是要問一樣的問題呢？
你有好好地聽說明嗎？
拜託停止這種浪費時間的事，好嗎？」

要明白或許是自己一開始的說明就有問題。

OK

「謝謝你願意針對不懂的地方提出問題。
你能不能更具體地告訴我，是哪裡怎樣讓你不懂呢？
因為你問同樣的問題，我的答案也會一樣。
如果你能更具體地告訴我是哪裡怎樣讓你不懂的話，
我就能更準確地說明。」

Section 13

希望把工作丟過來的人能一起幫忙

以自己能力不足為由尋求幫助的話，就代表你認同對方的實力比自己強，能讓對方的心情變得正面。此外，你可以運用「結果法的框架」，讓對方想像現況會演變成對對方不利的事態，若對方能幫忙的話，最終會為對方加分，並讓對方理解協助的必要性。

NG

「咦！我沒辦法啦！不要全都推給我一個人做啊！我根本不可能在時間內完成的。前輩你也幫幫忙啊！」

OK

「前輩，謝謝你把這個任務交給我。
不過，希望前輩也能一起幫忙。
現況是，就算我不休息也趕不及。
因為我工作的速度遠不及前輩這麼快。
這樣可能也會拖累前輩。
如果有前輩的協助，能在時間內完成工作，
前輩的評價就會更高了。
前輩，請務必幫幫忙！」

POINT

把「對方將工作全部丟給自己」一事，解讀成「受到對方的信賴」，就能說出感謝的話了。

Section

14 將你對下屬的抱怨，直接告知本人

不是直接的抱怨，而是間接被告知的抱怨，會讓對方的心情變得更糟。不過，在你告知本人時，要注意不要淪為個人攻擊。不妨先表達慰問或感謝，再把「抱怨」換句話說是成「協助」，告訴對方你很仰賴他。

NG

「加藤小姐，總務在會議上有抱怨喔！
說是資料的份數總是有多，很浪費？
說是不是影印時都印了超過所需的份數。
明明是節省經費的會議，害我在大家面前丟臉啊！
希望你不要偷懶，以後要先確認必要的份數。」

OK

「加藤小姐，你整理的資料幫了大忙，謝謝。
不過，有一件事希望你能幫忙。
下次影印時份數不要印超過。
總務部要求我們要配合。
原因是節約經費和防止資訊外流。
請加藤小姐幫忙，你率先這麼做，我也好請其他人一起配合。
影印時，份數不要印超過，希望你多幫忙喔！」

Section

15

希望對方不要一直邀你去不感興趣的活動

面對邀約時，一開始先表達「感謝」。此外，你不需要對拒絕表示歉意。道歉會讓雙方的心情都變得負面。無論什麼樣的理由，都不會改變你拒絕的事實，所以不需要詳細的理由。

但是，出於客套而表現出感興趣的樣子，就會變成你拜託對方「還有同樣的活動時請再約我」。所以，為了讓對方不要每次都約你去同樣的活動，要明確地表達出你的關心程度很低。

NG

「哇。不好意思。這是我很感興趣的活動，
但那天有親戚的法事……。
如果下次還有別的機會，你能再約我的話，我會很開心。」

OK

「謝謝你的邀約。
真不巧，那天我已經有別的安排了。
而且，這個活動現在
在我心中的優先順位比較低。
但還是謝謝你的邀約。」

POINT

- 不需要對拒絕表示歉意。
- 若沒有興趣，就不要表現任何的關心。

專欄

「反效果！千萬不能做」重點 ⑤

不必刻意搞笑！

有些人就是口若懸河、能言善道，往往能在說完話時，引起哄堂大笑。雖然這很厲害，但是請等一等。聽的人會不會覺得「啊！ 真有趣……」就結束了呢？

只有搞笑或結尾插科打諢讓人留下印象，無法讓聽者有所行動的話，也毫無意義。

此外，若是你只把心思放在搞笑或結尾上，很容易出現關鍵的部分七零八落，搞不清楚想說什麼的傾向。

不要把注意力放在搞笑或結尾的插科打諢，要集中在最想說的事。思考只能用一句話來說的情況，把要說的事總結在一句話裡。

你最希望聽者做的事，是因為搞笑或結尾插科打諢而大笑嗎？

結語

在本書的「前言」當中，出了一道邀請別人共進午餐的題目。後續在介紹表達方法訣竅的例句中，也屢次介紹邀約共進午餐場合裡的臺詞。

「明明是商業書籍，為什麼題目是午餐提案呢？」

「若能多舉出一些常見的商務場合更好。」

「自己平日從事層級很高的工作。用邀約午餐為題也太無聊了吧！」

或許有些人是這麼想的。但我絕對不是看不起各位。因為午餐的提案，其實是很深奧的。

以午餐提案為題的原因，是想選擇一個每個人都能在現場實踐的主題，同時也可以掌握以下三個重點。

1. 職業種類或職位不受限制
2. 成長狀況的可視化
3. 能夠頻繁練習的場合

首先，第一項「職業種類或職位不受限制」。閱讀本書的各位，無論是職業類別、職位或年齡等都各不相同。

如果題目是「在網站製作的現場向顧客說明概要」或「在經營會議中提出中期事業計畫」這類內容的話，也許有些人會無法順利思考。

因此，我思索了每個人都能回答的內容是什麼，結果就是午餐的提案。

第二項「成長狀況的可視化」，是指能夠清楚觀察到自己的技巧（skill）有所成長。

也就是說，對於一個題目，在讀「前言」時能掌握自己的現況的話，後續的成長就顯而易見（相信比起各位在「前言」時所思考的午餐邀約臺詞，在讀完本書之後的現在所重新思考的臺詞，在內容上應該更能引發對方的共鳴才是）。

當你能夠學會一個訣竅時，就會有成就感，也會更有幹勁。然後，希望各位在同樣的主題上能再學會一個訣竅。就像爬樓梯一階一階往上一般，透過不斷累積訣竅，重複同樣的場景，就能實際感受到自己的成長。

第三項「能夠頻繁練習的場合」，是希望各位今後也能有意識地練習「促使他人行動」的表達方法，所思考出來的結果。

你今後的生涯當中，會吃幾餐呢？不光是午餐，還有早餐、晚餐、下午茶等的場合，會有幾次呢？

參加培訓、演講或講座的各位，在學完之後都會說「我明白了」、「我會了」。但絕大多數的人，在走出會場，睡了一覺之後，學習的那段時間就完全在記憶中消失。因此，我才選擇了每個人在日常生活中都會遇到的午餐場合，好讓各位能常常想起學過的事。如果沒有機會直接向誰提案，每次吃午餐時也能自己喃喃自語地練習。請一定要實踐看看。

希望讀過本書的人，不僅能夠正確地把自己的心情傳達給別人，讓對方的行動成果「超乎預期」，還能發生很多幸運、幸福的事。

二〇一八年十月

沖本るり子

參考文獻

《職場 EQ 活用：企業菁英 EQ 鍛鍊66法則》（EQ こころの鍛え方 行動を変え、成果を生み出す66の法則）／高山直著，先峰企管出版
《奮起理論》（元気が出るセオリー，中文書名暫譯）／大谷由里子著，廣濟堂出版
《把學習變為結果的輸出大全》（学びを結果に変えるアウトプット大全，中文書名暫譯）／樺澤紫苑著，保護區出版
《一寫就熱賣：照抄就很好用的 101 個推坑寫作術》（買わせる文章が「誰でも」「思い通り」に書ける 101 の法則）／山口拓郎著，吳佳玲譯，先覺出版
《寫入人心：先讀心再下筆，沒有無法打動的對象》（人を操る禁断の文章術）／DaiGo 著，林詠純，方智出版
《真正簡單！任誰都會！個人就能開始的輸入事業》（ホントにカンタン！誰でもできる！個人ではじめる輸入ビジネス，中文書名暫譯）／大須賀祐著，角川 foresta
《附 DVD 若覺得「不想再焦躁不安！」要讀的書》（DVD付「もうイライラしたくない！」と思ったら読む本，中文書名暫譯）／心屋仁之助著，中經出版
《讓你的文章有戲劇性變化的五個方法》（あなたの文章が劇的に変わる 5 つの方法，

中文書名暫譯）／尾藤克之著，三笠書房
《最新版 讓顧客想一來再來的小沙龍打造方法》（最新版 お客様がずっと通いたくなる小さなサロンのつくり方，中文書名暫譯）／向井邦雄著，同文館出版
《說了「感謝！」真的能夠賺大錢！》（「感謝！」言うてたら、ホンマに儲かりまっせ！，中文書名暫譯）／横山信治著，實業之日本社
《【小公司】網路購物 超過億圓的法則》（【小さな会社】ネット通販 億超えのルール，中文書名暫譯）／西村公児著，昴舍
《所有老闆都看重！上班族必備的工作數字力》（入社1年目からの数字の使い方）／深澤真太郎著，陳美瑛譯，商周出版
《三天就有變化的迪士尼式育兒法》（3日で変わるディズニー流の育て方，中文書名暫譯）／櫻井惠理子著，保護區出版
《向專精小店的經營教練學習　生意興隆店家的幹勁培育方法》（小さなお店専門の経営コーチから学ぶ，中文書名暫譯）／岡本文宏著，女性MODE社
《結果，立刻去做的人得到一切》（結局、「すぐやる人」がすべてを手に入れる）／藤由達藏著，李璦祺譯，方智出版
《領導者請把要說的話總結在一分鐘內》（リーダーは話を1分以内にまとめなさい，

中文書名暫譯）／沖本るり子著，中經出版

《出席變得愉快！會議的鐵則》（出るのが楽しくなる！会議の鉄則，中文書名暫譯）／沖本るり子著，Magazine House

《讓對方行動成果「超乎預期」！領導者的溝通教科書》（相手が「期待以上」に動いてくれる！リーダーのコミュニケーションの教科書）／沖本るり子著，同文館出版

協力單位

八櫻股份有限公司　森裕子

遊割烹 sanbaka

1分鐘高效表達術，讓你說話不再被當空氣！
——學會這樣說，再也沒有行不通的事、叫不動的人
期待以上に人を動かす伝え方

作　　者——沖本るり子
譯　　者——陳光棻
封面設計——柯俊仰
內文設計——劉好音
特約編輯——洪禎璐
責任編輯——劉文駿
行銷業務——郭其彬、王綬晨、邱紹溢
行銷企劃——余一霞
副總編輯——張海靜
總 編 輯——王思迅
發 行 人——蘇拾平
出　　版——如果出版
發　　行——大雁出版基地
地　　址——台北市松山區復興北路 333 號 11 樓之 4
電　　話——（02）2718-2001
傳　　真——（02）2718-1258
讀者傳真服務—（02）2718-1258
讀者服務 E-mail— andbooks@andbooks.com.tw
劃撥帳號 19983379
戶　　名 大雁文化事業股份有限公司
出版日期 2020 年 3 月 初版
定　　價 300 元
ISBN 978-957-8567-49-8

國家圖書館出版品預行編目資料

1 分鐘高效表達術，讓你說話不再被當空氣！：學會這樣說，再也沒有行不通的事、叫不動的人／沖本るり子著；陳光棻譯 . – 初版 . – 臺北市：如果出版：大雁出版基地發行 , 2020. 03
面；公分
譯自：期待以上に人を動かす伝え方
ISBN 978-957-8567-49-8（平裝）

1. 說話藝術 2. 溝通技巧 3. 人際關係

192.32　　109002274

如果